Contents

怎麼會有「平方為負數的數」呢?

簡直就像「鬼魅」般的數,
它就是虛數

當我們翻閱字典查找「虛」這個字,就會看到諸如:空的、不真實的、假的等等意思。僅看「虛數」的表面意思,會認為是指「不存在的數」、「想像的數」,似乎就像「鬼魅」一般的存在。

正如其名所示,虛數可以視為「不存在的數」。為什麼這麼說呢?因為虛數是「平方後為負數的數」。

怎麼會有「平方為負數的數」呢?

−1 的平方是 ＋1,＋1 的平方還是 ＋1,而 0 的平方是 0。那麼,究竟是什麼樣的數平方後會等於 −1 呢?這類的數究竟存在什麼地方呢?

$$(-1) \times (-1) = +1$$

$$(+1) \times (+1) = +1$$

$$0 \times 0 = 0$$

$$? \times ? = -1$$

變成負數呢？

　我們來試著找找看吧！－1這個負數的平方就是（－1）^{2}＝（－1）×（－1）＝＋1，並不會變成負數。當然，不管是正數的平方，或是0的平方，都不會變成負數。從正數到負數，調查過幾個數後皆未發現「平方為負數的數」。

「負數的平方根」到底是什麼樣的數呢？

「平方」也稱「2次方」，而「一數自乘，剛好等於某數，則此數即為某數的平方根」。例如：10的平方就是100（10^2＝10×10＝100），所以10是「100的平方根」。這件事在數學上就用根號（$\sqrt{}$）來表示，亦即「$\sqrt{100}$＝10」。2的平方為4（2^2＝2×2＝4），因此可以表示為「$\sqrt{4}$＝2」。那麼，「負數的平方根」究竟是什麼樣的數呢？這就是本書的主角「虛數」（英文為imaginary number）。

$$\sqrt{100} = \sqrt{10^2} = \sqrt{10\times10} = 10$$

$$\sqrt{4} = \sqrt{2^2} = \sqrt{2\times2} = 2$$

$$\sqrt{-1} = \ ?$$

虛數
imaginary number

「和為10、積為40的兩數分別是多少？」

催生出虛數的「卡當諾問題」

在 在16世紀義大利所出版的數學書《Ars Magna》（大術，英名：The Great Art）中提到下面這個問題。

「兩數的和為10，積為40，問這兩數分別是多少？」

讓我們先從 5 和 5 等於 10 這個組合想起吧！這兩數相加雖然等於10，但是相乘的積卻只有25，還不到40。「4 和 6」相加也是等於10，不過乘積只有24也還不到40。

《大術》中所寫的原文（拉丁文）

divide 10 in duas partes, ex quarum unius in reliquam ducto, produatur 40

將10分為二部分，使該二數的積（相乘所得到的答案）等於40。

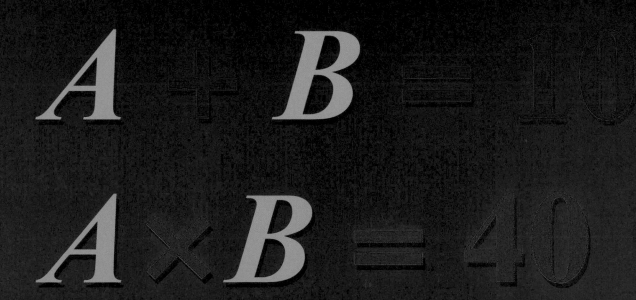

$$A + B = 10$$

$$A \times B = 40$$

這世上真的有相加等於10，相乘等於40的兩數嗎？

這個問題在次頁會有詳細說明，事實上這個問題並沒有答案。儘管再怎麼追究和探索，都不存在相加等於10，相乘等於40的兩數。若根據國中時所學的數學，像這樣的情形答案就是「無解」。

但是在《大術》中詳細記載了如何獲得此題答案的解題過程（26～27頁介紹）。事實上，《大術》是第一本出現「虛數」概念的書。

何謂「卡當諾問題」？

16世紀義大利米蘭的數學家卡當諾在其所著數學書籍《大術》中提到的這個問題，就是若不使用虛數便得不到答案的範例之一。如果將所要求的二數代換成 A 和 B，即可寫成如下兩式（A＋B＝10，A×B＝40）。

卡當諾
（ Gerolamo Cardano，
1501～1576 ）

如何以長方形面積來思考卡當諾問題呢？

該問題沒有解答！

「**兩**數相加的和為10、相乘的積為40，請問這兩數分別是多少？」這個問題以《大術》的作者之名來命名，被稱為「卡當諾問題」。該問題是否真的無解呢？讓我們以長方形的面積來確認看看喔！

將此二數想成是長方形的「長」和「寬」。於是，讓我們來探索在「長＋寬＝10」的長方形中，是否有「長×寬＝長方形面積＝40」的長方形呢？長5×寬5的正方形（右①），其面積為25。長7×寬3的長方形（右②），其面積為21。長2×寬8的長方形（右③），其面積為16。

事實上，「長＋寬＝10」的長方形中，面積最大的就是成正方形時的25。不管是何種邊長組合的長方形，面積都比25小。因此，「長和寬合計為10，面積超過25的長方形並不存在」。換言之，這意味著卡當諾的問題無解。而此無解的問題卻是虛數的催生者。

有面積為40的長方形嗎？

在周長相等的長方形中，面積最大的是正方形。因此，「長與寬合計為10，面積超過25的長方形」並不存在。換句話說，卡當諾問題無解。

③ 長2×寬8的長方形＝面積16

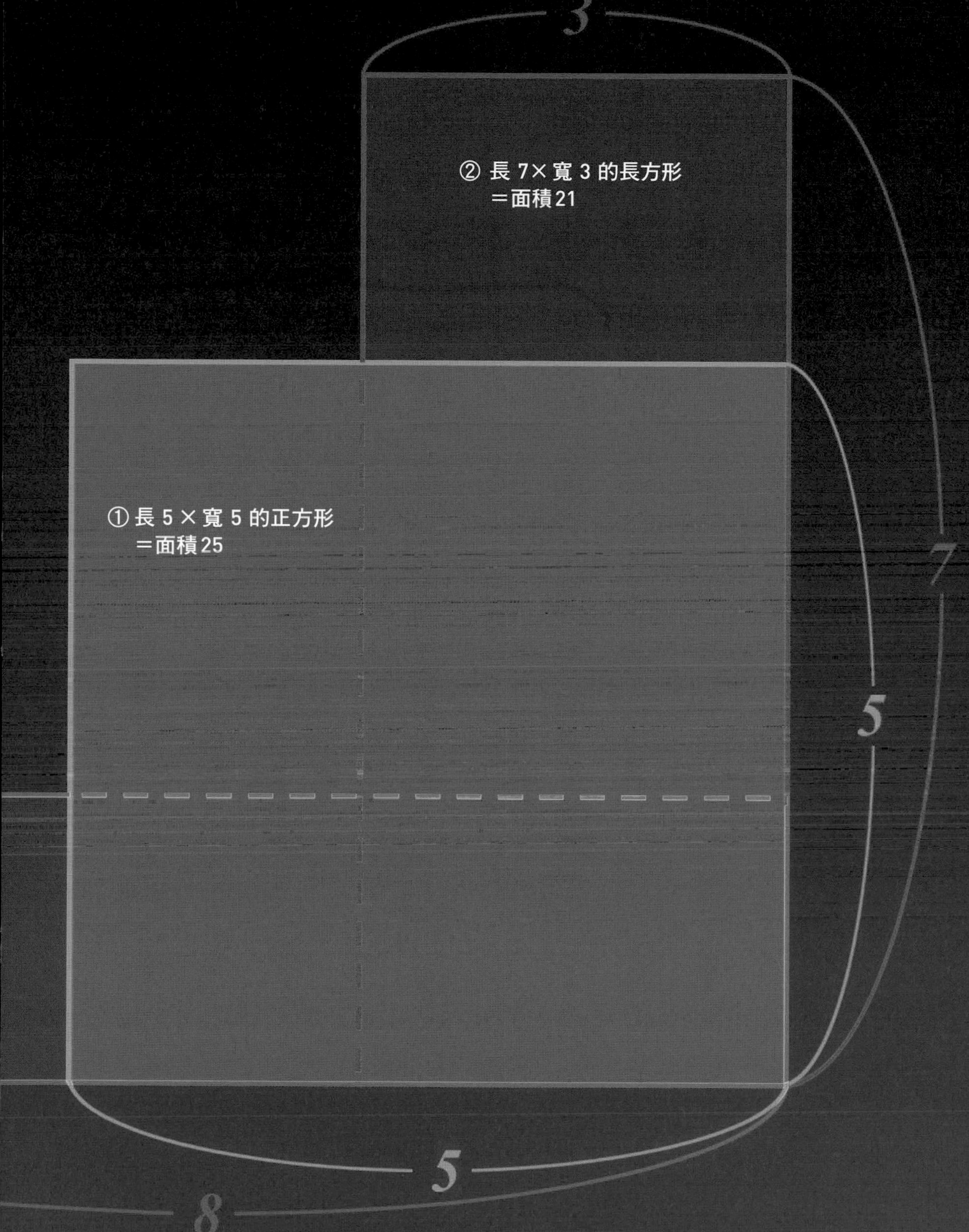

3

② 長 7 × 寬 3 的長方形
　＝面積21

7

① 長 5 × 寬 5 的正方形
　＝面積25

5

5

8

在遇到「無解的問題」時，往往就會製造出新的數

古人為什麼會發明「分數」呢？

在正式介紹虛數之前，讓我們稍微瞭解一下虛數誕生前之「數的歷史」吧！

所有「數」中，起源最為古老的就是「自然數」（natural number）。所謂自然數就是諸如 1 個蘋果、2 頭羊、3 棵樹⋯⋯，用來計數東西個數的數。

而自然數加自然數，所得到的答案一定也是自然數。自然數彼此相乘所得到的積必定也是自然數。不過，自然數彼此相除時，未必可以在自然

古埃及的分數

在古埃及，有用以表現「2 分之 1」、「3 分之 1」等分子為 1 之分數（單位分數）的象形文字（聖書體），下圖所示即為該例。當分數的分子不為 1（例如 4 分之 3 時），就會寫成單位分數之和的形式（2 分之 1 ＋ 4 分之 1）。

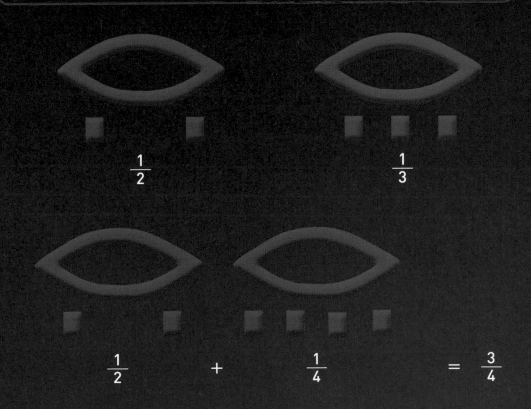

數中找到答案。例如:「1÷3」的答案,在自然數中就找不到了。

因此古時候的人就把「1÷3的答」命名為「3分之1」,並且將之當成數來處理。這就是「分數」(fraction)的發明。

自然數和由自然數所構成的分數合起來便稱為(正的)「有理數」(rational number)。使用有理數也可以表現長度、重量、體積等的「量」。每當遇到「無解的問題」時,往往就會有人想出新數的概念。

表示分數的「荷魯斯之眼」

下圖是稱為「荷魯斯之眼」(Eye of Horus)或「烏加特」(Udjat)的象形文字。它在表示鷹神荷魯斯之眼的同時,形成文字的各部位也分別代表了「2分之1」、「4分之1」等分數。

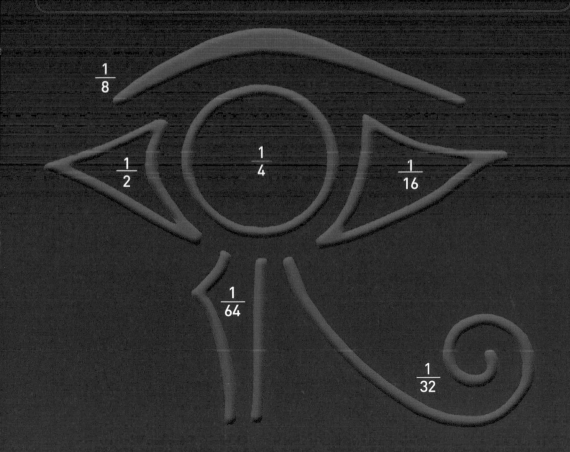

$$\frac{1}{8}$$

$$\frac{1}{2}$$

$$\frac{1}{4}$$

$$\frac{1}{16}$$

$$\frac{1}{64}$$

$$\frac{1}{32}$$

畢達哥拉斯堅信「有理數」就是數的全部

納入「無理數」後,「實數」的建構就完成了

西元前 6 世紀的畢達哥拉斯（Pythagoras of Samos,約前570～約前495）提倡「有理數就是數的全部,沒有有理數無法表現的數」。但是,畢達哥拉斯的弟子希帕索斯（Hippasus）卻發現邊長為 1 之正方形的對角線長度,也就是 $\sqrt{2}$（＝1.414…）並非有理數。據說,為了隱匿這個與畢達哥拉斯教義相悖的發現,最終希帕索斯被丟到海裡淹死了。

畢達哥拉斯
（約前 570 ～約前 495）

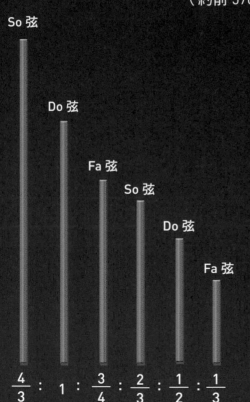

弦長之比 $\frac{4}{3}$: 1 : $\frac{3}{4}$: $\frac{2}{3}$: $\frac{1}{2}$: $\frac{1}{3}$

畢達哥拉斯與有理數

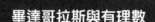

西元前 6 世紀,畢達哥拉斯與他的弟子堅信自然數和自然數的比（分數）,亦即有理數就是數的全部。畢達哥拉斯主張數條弦可形成和音必須是在弦長為自然數之比的情況下（左為畢達哥拉斯音階,該音階和現代音階不同）。該事實是他重視有理數的根據之一。

諸如 $\sqrt{2}$ 這種不是有理數的數，就被稱為「無理數」（irrational number）。像 $\sqrt{3}$（$=1.732\cdots$）、$\sqrt{5}$（$=2.236\cdots$）、圓周率 π（$=3.141\cdots\cdots$）等全都是無理數。

古希臘人在發現無理數後，曾經過一段混亂時期，最後他們終於將之納入數的範疇。建構出有理數和無理數合起來稱為「實數」（real number）的概念。

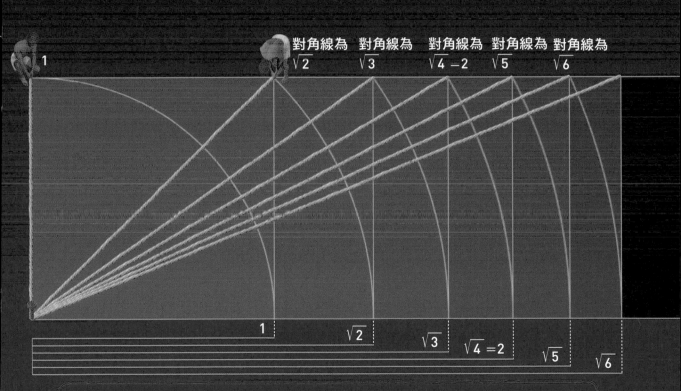

對角線為 $\sqrt{2}$　對角線為 $\sqrt{3}$　對角線為 $\sqrt{4}=2$　對角線為 $\sqrt{5}$　對角線為 $\sqrt{6}$

1　　$\sqrt{2}$　　$\sqrt{3}$　　$\sqrt{4}=2$　　$\sqrt{5}$　　$\sqrt{6}$

古人的平方根作圖法

畫出邊長為 1 的正方形，取其對角線長度則為 $\sqrt{2}$。以此 $\sqrt{2}$ 為底邊，作出高為 1 的長方形，其對角線則為 $\sqrt{3}$。以此要領不斷重複，就能陸續畫出自然數的平方根（$\sqrt{1}=1$、$\sqrt{2}$、$\sqrt{3}$、$\sqrt{4}=2$、$\sqrt{5}$、$\cdots\cdots$）。

Coffee Break

· · · · · · · · · · · · · ·

「有理數」
的神奇性質

舉 凡1÷4＝0.25或1÷3＝0.3333……等皆屬有理數，像這種並非整數的有理數，可以用小數來表示。各位知道小數其實隱藏著非常神奇的性質嗎？

以小數來表示非整數的有理數時，情況會有下列二種：「成為小數點以下某個位數即除盡的小數」（例如：1÷4＝0.25）或是「成為小數點以下某個數字後就

開始 ↓

$$\frac{1}{7} = 0.142857142857142857\cdots\cdots$$

開始 ↓

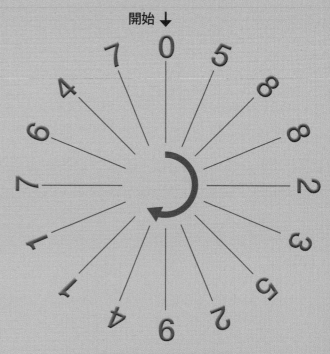

$$\frac{1}{17} = 0.05882352941176470588235294117$$
$$6470588235294117647\cdots\cdots$$

無限重複的小數」（例如：1÷3＝0.3333……）。前者稱為「有限小數」（finite decimal）；後者稱為「循環小數」（repeating decimal）。

如果將有理數 $\frac{1}{7}$、$\frac{1}{17}$、$\frac{1}{61}$ 化為小數，這三者都是「循環小數」。其中依次不斷重複出現的數字排列（循環部分），$\frac{1}{7}$ 是 6 位數、$\frac{1}{17}$ 是 16 位數、$\frac{1}{61}$ 是 60 位數。

若將這些循環小數的循環部分依順時針方向排列，結果如下圖所示。循環小數係指這些數字無限地重複。

以本次所舉的循環小數為例，另外還有一個神奇的地方，這就是輪盤相對兩數相加的和都是 9。不過，並非所有的循環小數都有這種特性。

開始↓

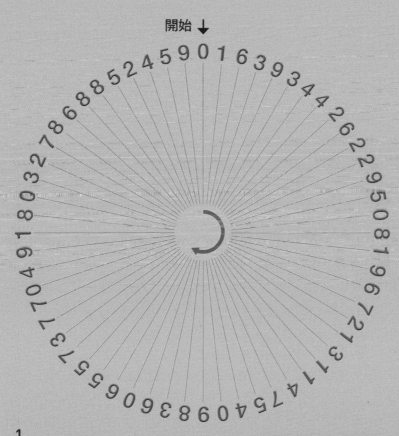

$$\frac{1}{61} = 0.0163934426229508196721311475409836065573770491803278688524590163934426229508196721311475409836065573770491803278688524590163934426229508196721311475409836065573770491803278688852459\cdots\cdots$$

刻在古代美索不達米亞泥版上的$\sqrt{2}$

古代美索不達米亞人早就知道$\sqrt{2}$的數值大概是多少了！

跟據考古發現，古希臘人好不容易才接受的$\sqrt{2}$，古代美索不達米亞早就知道其大概的值。

右邊插圖是美國耶魯大學所典藏，大約是4000年前的古代美索不達米亞泥版「YBC7289」的復原圖。泥版上刻畫著正方形和它的對角線，對角線上用楔形文字寫著「1、24、51、10」的數字。

這是以60進位法來表現的數，如果寫成10進位法的話，就是「1.41421296296……」（其計算如右頁下所示），這是$\sqrt{2}$極為正確（到小數點以下第五位都正確）的近似值。

另外，泥版上還刻有當正方形的邊長為30時的對角線長度（60進位法為42、25、35，若改成10進位法的話就是42.4263888……）。

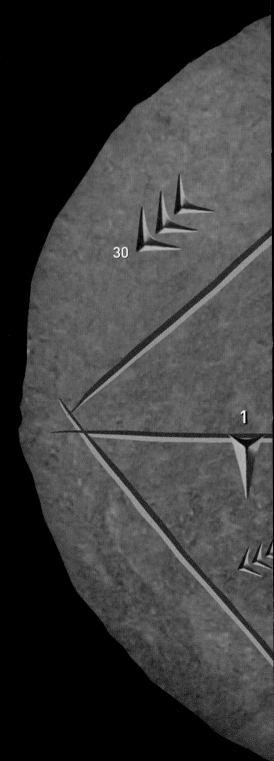

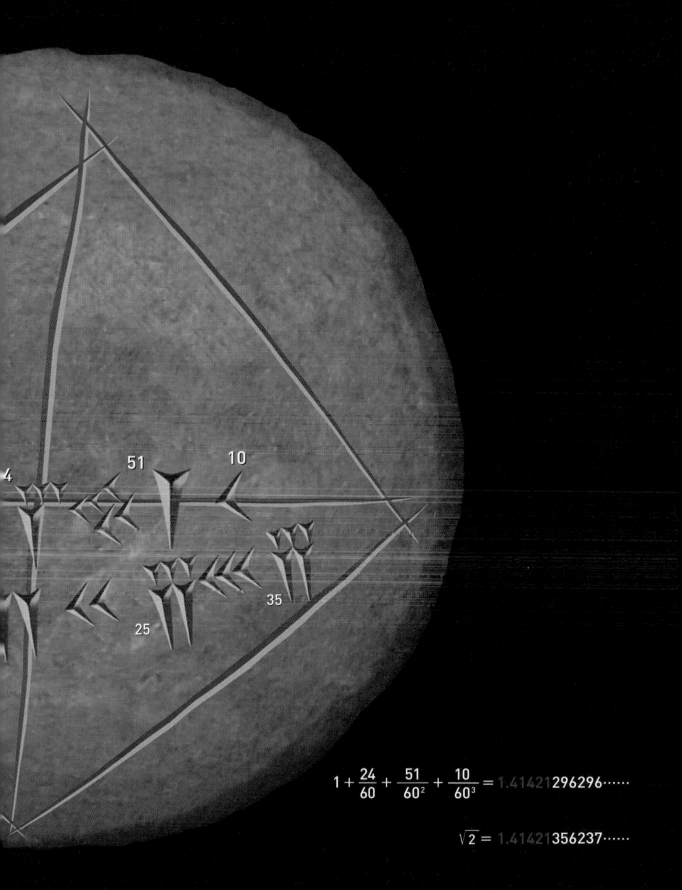

$$1 + \frac{24}{60} + \frac{51}{60^2} + \frac{10}{60^3} = 1.41421296296\cdots$$

$$\sqrt{2} = 1.41421356237\cdots$$

美麗的
「平方根螺旋」

在 前面第11頁中已經介紹過使用
長方形和正方形的平方根作圖
法，現在介紹另一種使用直角三角
形的平方根作圖法給各位認識。

首先，畫出兩邊邊長皆為 1 的等
腰直角三角形，其斜邊長度等於邊
長為 1 之正方形的對角線長度，所
以斜邊長度為 $\sqrt{2}$。接著，以求出的
斜邊為底邊，畫出高度為 1 的直角
三角形，於是該三角形的斜邊長度
為 $\sqrt{3}$。接下來，以長度為 $\sqrt{3}$ 的斜
邊為底邊，畫出高度為 1 的直角三
角形，該三角形的斜邊長度就是 $\sqrt{4}$
。

誠如以上述步驟，將所求出的斜
邊當作下一個直角三角形的底邊，
陸續作圖，就能繪出如右圖所示，
宛若漂亮的鸚鵡螺貝般的形狀。

將斜邊為 $\sqrt{2}$、$\sqrt{3}$、$\sqrt{4}$ ……的直角
三角形依序排列，就會呈現如右邊插
圖所示宛若鸚鵡螺貝般的形狀。

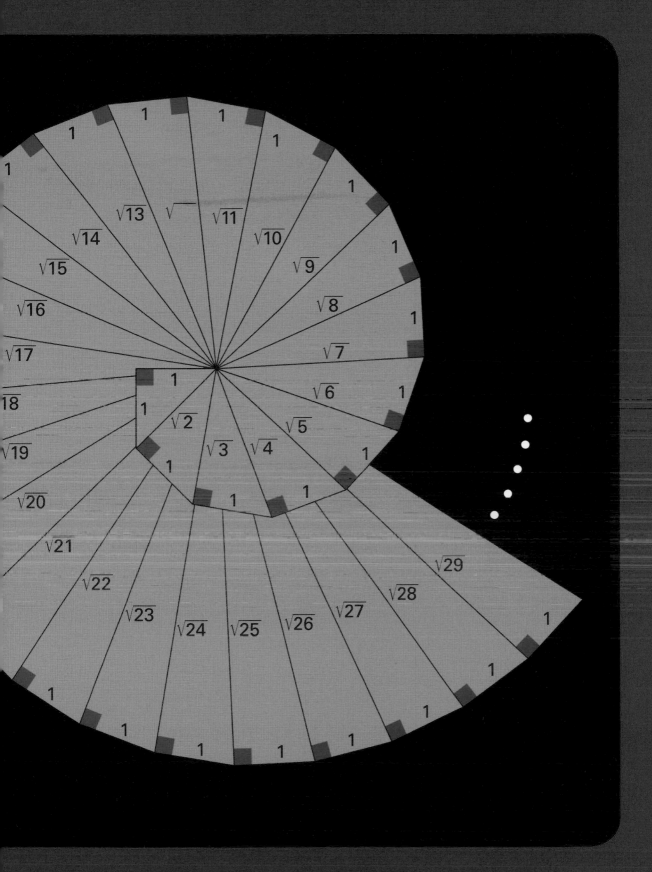

古文明的「零」未曾使用在計算方面？

古文明的「零」僅是表示空位的符號

零這個數並不是自古以來就理所當然的存在。舉例來說，古埃及並未使用零，反倒是以「腳印」表示10，以「一綑繩子」表示100。而古希臘以符號「ι」表示10；以「ρ」表示100。這類表示數值的方式，其最大缺點就是若想要表示一個龐大數值，所需的符號種類會非常的多。

另一方面，若使用「0」這個數字符號的話，只要以0～9這10個符號，無論多麼龐大的數值都能表示出來。像這樣的記數方式稱為「進位制（或稱進位計數法）」（positional notation）。使用「零」的進位制早在馬雅文明（西元6世紀左右？）和古代美索不達米亞文明（西元前3世紀以前）就已經採用了，只不過當時「零」僅是表示空位（表示某位數空無所有）的「符號」（占位符），「零」似乎並未使用於計算之中。

古文明所使用的零符號與數字

等

刻在石碑上面的馬雅圖案文字的零

馬雅文明也有使用圖案文字來表示數字的方法，上面圖片是以「手扦著下巴的臉」來表示零。

使用零的古代美索不達米亞記數法

古代美索不達米亞是採60進制，所以右邊是個位數，正中央位數是60，最左邊位數是60²（3600）。在上面插圖中，位數60使用表示空位的零符號。結果，該數字就是位數60²數為1，位數60為0，個位數為2。若以現在方式來表示就是：（3600×1）＋（60×0）＋（1×2），答案是3602。

作為數的「零」是印度發明的！

零成為計算對象乃是在 6 世紀的中葉

在漫長的歷史長河中，零都个被認為是可「獨當一面」參與演算的對象。

一般認為零被當做計算對象的數來處理，最早是出現在西元550年左右的印度天文學書籍《五大曆數全書彙編》（Pancasiddhatika）中。該書對於太陽在天球上的運動，有這樣的記載：太陽在某時期的 1 天平均移動角度剛好約60分（＝1°），因此標記為「60-0」。我們知道印度在 6 世紀中葉，發明了

現代的運算數字
（阿拉伯數字）

「數」之概念的零，將零當做運算的對象。

　誕生於印度，包含 0 在內的數字，經過阿拉伯的伊斯蘭文化圈普及到歐洲全境。因此，現在我們所使用「0～9」的運算數字也被稱為「阿拉伯數字」。

　印度究竟是誰發明將零當做數的呢？目前仍然是個謎。不過，可以肯定的是零的發明，對數學歷史而言，可謂向前邁進了非常大的一步。

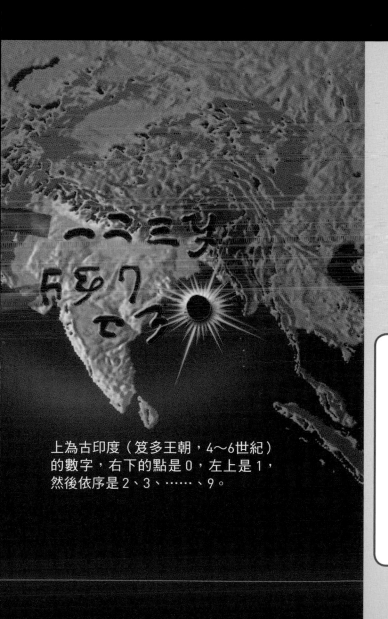

上為古印度（笈多王朝，4～6世紀）的數字，右下的點是 0，左上是 1，然後依序是 2、3、……、9。

作為運算數字的零誕生於印度，然後傳到歐洲。

在印度，有表示個位數、十位數等都沒有1～9的數字時的記號，這就是零（以「‧」來表示）。另外，印度傳統上就習於筆算。插圖所繪的這個人正在進行「15＋23＋40＝78」的筆算。在此計算中，個位數是「5＋3＋0」，亦即必須進行零的加法運算。研究者認為像這樣的筆算，與將零當做數有密切的關連。

令人難以想像的「負數」

若使用數線，連負數也能理解

若有「數線」，很容易就能理解負數概念

像「－3個蘋果」般來思考負數個數時，的確難以想像（下）。然而，若能像溫度計般，畫出以零為中心，讓正數與負數呈對稱分布的直線（數線），那麼很容易就能理解負數概念了（右）。

在歐洲，一直到17世紀都還沒有「負數」（negative number）的概念。因此，像是「7－9」這樣的減法是無解的。據說，連知名的數學家帕斯卡（Blaise Pascal，1623～1662。另譯為巴斯卡）都認為「0－4」的答案還是0。

我們知道「3個蘋果」是什麼情形，但對於「負3個蘋果」卻是無法想像。對於這種很難想像的負數，人們有相當漫長的時間都無法接受。

據悉，最早承認計算出來的答案是負數的，還是發明零為演算數字的印度。藉由負數的使用，像「7－9」這樣的減法運算，就會得到「－2」的答案。

當氣溫從1℃下降5℃時，溫度計標示為－4℃我們會覺得理所當然。藉由數線的使用，宛若圖示一般，於是人們漸漸能接納負數這樣的概念了。

－3個蘋果

難以想像

以「個數」來說，很難想像什麼是負數

−6℃的氣溫
↑
很容易理解

如果連「平方為負的數」都有的話……

在解二次方程式時，僅是實數是不夠的！

倘若零和負數都包括在實數中的話，那麼實數四則運算（加、減、乘、除）的答案也一定會落在實數的範圍（0的除法除外）。可是，儘管數的世界持續擴張，但仍然存在實數中找不到答案的問題。

本書一開始就介紹的問題：「兩數相加為10，相乘為40，這兩數為何？」，就是其中一例。在後面我們會有詳細的解說，事實上該問題可以改寫成：「$25-x^2=40$，求 x 是多少？」。如果將算式稍微改變一

美索不達米亞古文明的泥版

遠在約西元前2000年的美索不達米亞古文明，就已經會處理相當於二次方程式的問題了。左為以插圖繪出美索不達米亞古文明的泥版。在泥版上面，以楔形文字記載著這樣的問題：「正方形面積減去其一邊長度，答案為870。請求出該正方形的邊長為多少？」該問題可以寫成：「$x^2-x=870$」。經過計算求出 $x=30$（因為是正方形的邊長，所以只取正數解）。

下，就成了：「$x^2 = -15$」。換言之，就是「找出平方等於 -15 的數」。

　　出現 x^2 的方程式稱為「二次方程式」。二次方程式中，有像上面問題般，若沒有「平方為負的數」的話，就找不到答案的。但是，實數中並不存在「平方為負的數」。因此，這個問題在實數中絕對找不到答案。

所謂方程式是指什麼？

所謂方程式，可以說就像是「數學謎題」般的存在，是含有未知數的等式。好的謎題會有「答案」，而好的方程式會有「解」。例如，有個「某數加 3，答案是 5，請問該數是多少？」的謎題，我們若以圖來思考該狀況，就像右圖所示。若將該狀況以使用 x 等字母的數學式來表示的話，就是「方程式」。出現 x 的方程式稱為「一次方程式」；出現 x^2 的方程式稱為「二次方程式」；求方程式的解稱為「解方程式」。

何謂一次方程式？

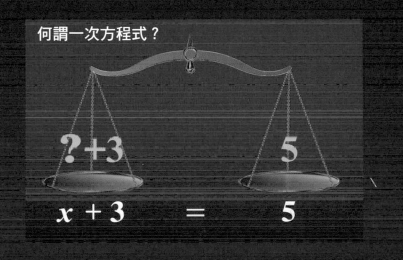

$$x + 3 = 5$$

何謂二次方程式？

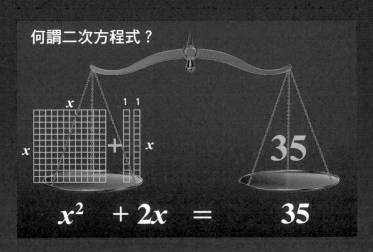

$$x^2 + 2x = 35$$

若有「平方為負」的數，就有答案了！

應該是無解的問題，其所謂的「答案」是指什麼？

促使中世紀歐洲的數學有長足發展的擔綱，就是16世紀義大利的數學家們，其中一人便是米蘭的醫師同時也是數學家的卡當諾（1501～1576）。

卡當諾在他所寫的《大術》這本書中提出一個問題：「相加的和為10，相乘的積為40的二數為何？」。本來這個問題是無解的，但是卡當諾卻寫出答案為：「5＋$\sqrt{-15}$」和「5－$\sqrt{-15}$」。$\sqrt{-15}$ 就是「平方等於－15的數」，然而像

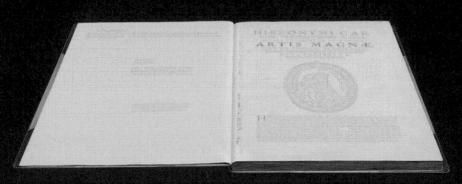

《Ars Magna（大術）》

卡當諾在1545年所出版的數學書籍。其中詳細記載了二次方程式、三次方程式和四次方程式等的解法。

《大術》上所記載卡當諾問題的解答

當時還沒有根號（$\sqrt{\ }$），使用的是表示根之意、源自拉丁語Radix的符號「Rx」（就像右邊插圖所示，R與X被結合成一個符號來使用）。另外，加號為「p：」，減號為「m：」。

5 p：Rm：15

5 m：Rm：15

這樣的數並不存在。事實上，《大術》這本書是出現「平方為負的數」，也就是虛數的第一本書。卡當諾甚至還說：「如果能夠忽略精神上的痛苦的話，這兩數相乘的積的確是40，確實可以滿足條件。」

就這樣，卡當諾首度展現出只要擁有虛數，即使是無解的問題也能夠找到答案。然而卡當諾也寫了這樣的但書：「這是一種詭辯，儘管數學已經如此精密化了，但是卻沒有實際上的用途。」

「卡當諾問題」的解法

問題 求相加為10，相乘為40的二數

解法

「比 5 大 x 的數」和「比 5 小 x 的數」的組合，找出相乘等於40的數。如果將二數代換為（5＋x）和（5－x），則

$$(5+x) \times (5-x) = 40$$

使用中學時所學的公式 $(a+b) \times (a-b) = a^2 - b^2$，將左邊變形的話，則

$$5^2 - x^2 = 40$$

$5^2 = 25$，因此

$$25 - x^2 = 40$$

移項就變成

$$x^2 = -15$$

x 為「平方為負的數」，像這樣的數並不存在。但是卡當諾在書中將「平方後等於－15的數」寫成「$\sqrt{-15}$」，也就是暫時把它當成一般的數來處理。然後形成成「比 5 大 x 的數」和「比 5 小 x 的數」的組合，並將「$5 + \sqrt{-15}$」和「$5 - \sqrt{-15}$」當成問題的答案記載在書中。

答 此二數為，

$$5 + \sqrt{-15} \quad 和 \quad 5 - \sqrt{-15}$$

如何以「公式解」求出卡當諾問題的答案？

具有4000年歷史，求解的「必勝法」

相信各位讀者在國中的數學課都已經學過「二次方程式的公式解」，這就是用公式法，只要將二次方程式中排列的數字代入公式中，就能自動求出解來。換句話說，公式解就是用以解方程式的「必勝法」。

二次方程式 $ax^2+bx+c=0$ 的公式解為：

$$x=\frac{-b\pm\sqrt{b^2-4ac}}{2a}$$

問題 求相加為10，相乘為40的二數

解法

$$A+B=10 \quad\cdots\cdots①$$

$$A\times B=40 \quad\cdots\cdots②$$

因為若有二個未知數將無法解，因此先從②式中將 B 消去。
將①變形為 B＝10－A 代入②，就消去 B，變成只有 A 的二次方程式。

$$A\times(10-A)=40$$

乘開去括號，則

$$A\times10-A\times A=40$$

為了能夠運用公式解，故將式子恢復成「aA^2+bA+c=0」的形式，則

$$-A^2+10A-40=0$$

$a=-1$、$b=10$、$c=-40$ 使用公式解來解的話……　→右頁的「再更詳細一點！」

$$A=5\pm\sqrt{-15}$$

A＝5＋$\sqrt{-15}$　時，根據①式，B＝5－$\sqrt{-15}$
A＝5－$\sqrt{-15}$　時，根據①式，B＝5＋$\sqrt{-15}$
因此所求的二數為　5＋$\sqrt{-15}$　和　5－$\sqrt{-15}$。

二次方程式公式解相同的方法了。

現在，讓我們使用二次方程式公式解來解卡當諾問題吧（詳情請參考下面的數學式）。

此外，卡當諾所展示的這兩數是否真的滿足問題的條件呢？讓我們一併來確認看看吧！

答　二數為　$5+\sqrt{-15}$　和　$5-\sqrt{-15}$　。

虛數！　　　　　　虛數！

確認　相加是否等於10呢？

$$(5+\sqrt{-15})+(5-\sqrt{-15})=10$$

相乘是否等於40呢？

$$(5+\sqrt{-15})\times(5-\sqrt{-15})=5^2-(-15)$$
$$=40$$

「二次方程式公式解」的計算為何？

$$A=\frac{-b\pm\sqrt{b^2-4ac}}{2a}$$

$$=\frac{-10\pm\sqrt{10^2-4\times(-1)\times(-40)}}{2\times(-1)}$$

$$=\frac{-10\pm\sqrt{100-160}}{-2}=\frac{-10\pm\sqrt{-60}}{-2}$$

$$=\frac{-10\pm\sqrt{4\times(-15)}}{-2}=5\pm\sqrt{-15}$$

Coffee Break

想出虛數概念的卡當諾是怎樣的人？

在 1501年時，卡當諾出生於義大利的帕維亞（Pavia）。卡當諾的父親是義大利米蘭有名的律師，具有幾何學等數學方面的素養，也是達文西的好友。他的父親也是卡當諾的啟蒙老師，將諸如數學、語文學等方面的知識傳授給他。

據說，卡當諾的父親希望卡當諾跟自己一樣成為一名律師，但是卡當諾在1524年於帕多瓦大學（University of Padua）取得醫學學位，後來成為一名非常有名的醫生。卡當諾最為人所知的是他是斑

卡當諾
（1501～1576）

疹傷寒的發現者。

　　卡當諾不僅在醫學方面有成就，他對天文學、物理學、數學等也有濃厚的興趣，在占星術和賭博方面也有所涉獵，是典型文藝復興時期百科全書型的人物。

　　作為一名數學家，卡當諾最主要、也是最有名的成就便是在他的著作《大術》一書中，介紹了三次方程式的公式解，並首度導入虛數概念。此外，喜歡賭博的卡當諾在他的著作《論賭博遊戲》一書中，解開跟機率有關的數學問題：「同時投擲 2 個骰子，賭點數和為多少是最有利的？」

　　2 個骰子的點數組合總共有6×6＝36種，其中和為 7 的組合最多（有 6 種）。因此，他論道：「賭點數和為 7 最為有利」（請看下面插圖）。

　　卡當諾在私生活方面身陷賭博的深淵中。據說，最後他還預言自己的死期，並且為了讓預言成真，他還絕食，讓自己在預言的這天過世。

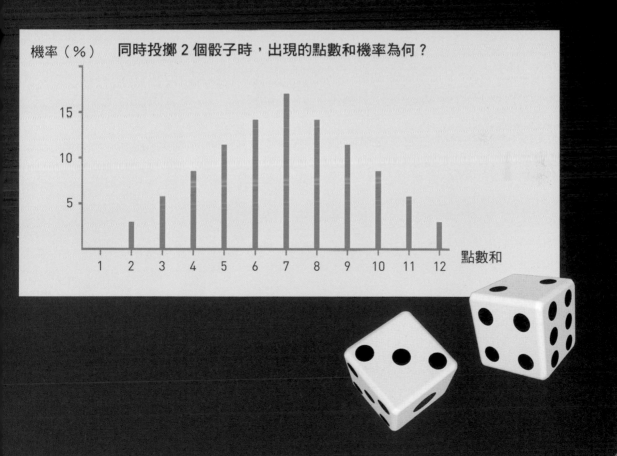

機率（％）　同時投擲 2 個骰子時，出現的點數和機率為何？

點數和

孕育虛數的搖籃，中世紀的「數學擂台」

契機為「三次方程式的公式解」

在16世紀的義大利，數學家們經常在公開場合舉辦互相出題以決優劣的「數學擂台」，馮塔那（Niccolò Fontana Tartaglia，綽號塔塔利亞，1499～1557）就是其中的一員大將。

下面為各位介紹一個讓塔塔利亞聲名大噪的數學擂台。這就是波隆那大學數學教授費洛（Scipione del Ferro，1465～1526）的弟子費爾（Antonio Maria Fior）向塔

塔塔利亞（馮塔那）
（1499～1557）

塔塔利亞是出生於北義大利布雷西亞（Brescia）的數學家。在孩童時期因為捲入戰爭，而被士兵切掉了下顎，自此就有語言障礙的問題。後來，大多數人都稱他「塔塔利亞」（口吃者之意），他也將塔塔利亞當做自己的名字。因為家貧而未能上學，他以自學的方式練得一身的數學功夫。

塔利亞所提出的挑戰。

　　費爾認為自己有勝算，他深信當時三次方程式還沒有公式解；而自己的老師費洛已經私下發明出來，且已經傳授給他。費爾丟出30題應該只有自己才知道解法的三次方程式給塔塔利亞。

　　但是結果是30比0，塔塔利亞大獲全勝。事實上，塔塔利亞已經以一己之力編出比費洛的解法更容易應用的三次方程式公式解。該三次方程式的公式解成為虛數誕生的契機。

塔塔利亞發明的「三次方程式公式解」

三次方程式 $$x^3 + px + q = 0$$

其解可利用以下式子求出。

$$x = \sqrt[3]{-\frac{q}{2} + \sqrt{\left(\frac{q}{2}\right)^2 + \left(\frac{p}{3}\right)^3}}$$

$$+ \sqrt[3]{-\frac{q}{2} - \sqrt{\left(\frac{q}{2}\right)^2 + \left(\frac{p}{3}\right)^3}}$$

上面公式的「$\sqrt[3]{}$」稱為「立方根（三次方根）」，例如：「x 的立方等於 a，那麼 x 就是 a 的立方根」。根據三次方程式，黃色所示部分有時會出現虛數。

孕育虛數的搖籃，中世紀的「數學擂台」（續）

注意到虛數與二次方程式之關係的卡當諾

下面問題是非常類似第32頁中所提到，在塔塔利亞與費爾的數學擂台中，塔塔利亞所解之問題的問題。塔塔利亞使用三次方程式公式解漂亮的解出該題的答案。

就像在第33頁中所看到的，根據塔塔利亞的公式解所得到的答案，有可能會出現負的平方根，也就是虛數。而注意到這點的人正是卡當諾。卡當諾聽到塔塔利亞的事蹟，執意糾纏要塔塔利亞教他三次方程

與塔塔利亞在數學擂台中所解之問題類似的問題

問題：商人將藍寶石以520達卡特金幣（gold ducat）賣出。據稱，他的進貨價剛好是所賺利潤的三次方。請問他所賺的利潤是多少？

註：達卡特是當時威尼斯的貨幣單位。

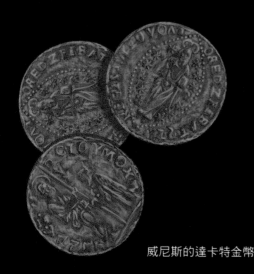

威尼斯的達卡特金幣

藍寶石

式的公式解。禁不起長期糾纏的塔塔利亞終於以不得告訴任何人為條件，將公式傳授給卡當諾。

但是，當塔塔利亞看到卡當諾的著作《大術》時，十分震怒。原本約好是祕密的三次方程式公式解，竟然大剌剌的寫在書中。但是卡當諾也有他的說法：書中所載並非塔塔利亞的公式，而是自己改良過，更便於應用的公式形式。

卡當諾似乎是在深入研究塔塔利亞的公式時，發覺到只要有虛數，任何二次方程式都能找到解答。從這個意義來看，塔塔利亞對虛數的誕生可說也有催生的功勞。

解答：假設利潤為 x，進貨價就是 x^3，將這兩者相加就是賣出的價格，也就是等於520。若將之寫成算式，就是下面所示的三次方程式。

$$x^3 + x = 520$$

兩邊各減去520

$$x^3 + x - 520 = 0$$

代入塔塔利亞所發明的「三次方程式公式解」中，變成 $p=1$，$q=-520$，如下面所示求出解。

$$x = \sqrt[3]{260 + \sqrt{\frac{1825201}{27}}} + \sqrt[3]{260 - \sqrt{\frac{1825201}{27}}}$$

上面計算無法筆算，各位若使用可計算立方根的函數計算機的話，即可如下算出答案。

$$x = (8.041451884\cdots) + (-0.041451884\cdots) = 8$$

$x = 8$ 確實可以滿足原來的方程式，因此這是答案。

答：賺 8 個達卡特金幣（進貨價為 $8^3 = 512$ 達卡特金幣）

註：事實上，塔塔利亞所解的問題，售價並非520，而是500，因此該題的答案並非整數。

挑戰虛數，奮鬥不懈的天才數學家們

無法接受虛數概念的笛卡兒為虛數命名

為什麼稱為「虛數」呢？

在卡富諾書中出現的「負數平方根」，並不是一開始就被數學家們所接受。

法國哲學家暨數學家的笛卡兒（René Descartes，1596～1650）得到一個結論，「平方為負的數」（負數的平方根）無法作圖，因此以帶有否定意味的「想像的數」（法語為nombre imaginaire）來稱呼。這就是虛數的英文名稱「imaginary number」的語源。

虛數是「想像的數」

以名言「我思故我在」而聞名的法國哲學家笛卡兒，他同時也是一位數學家。笛卡兒將負數的平方根稱為「nombre imaginaire」（法語之意為想像的數），也是虛數（imaginary number）的語源。而「虛數」這個譯名是我國在19世紀以前就使用的，後來據稱還傳到日本。

笛卡兒
（1596～1650）

nombre imaginaire

imaginary number

另一方面，定無限大的符號為「∞」的英國數學家華理斯（John Wallis，1616～1703），說出下面這段話，企圖將虛數的存在正當化。

「某人得到面積1600的土地，後來又失去面積3200的土地。其總得到的土地可用－1600來表示。若將該負面積的土地視為正方形，則應該就有邊長。它既不是40，也不是－40，它的邊長應為負的平方根，亦即$\sqrt{-1600}=40\sqrt{-1}$。

失去之土地的邊長為虛數？

「某人得到面積1600的土地，後來又失去面積3200的土地，其總得到的土地可用－1600來表示。若將該負面積的土地視為正方形，則應該就有邊長。它既不是40，也不是－40，它的邊長應為負的平方根，亦即$\sqrt{-1600}=40\sqrt{-1}$。英國的數學家華理斯提出這樣的說法，可見其想讓虛數取得認同的努力。

華理斯
（1616～1703）

失去的土地
（面積1600的正方形）

探求看不到之虛數的歐拉

虛數是「世界上最美公式」的主角！

即使無法作圖，但是仍毫無畏懼地探究虛數的，是出生於瑞士的大數學家歐拉（Leonhard Euler，1707～1783）。歐拉以天才般的計算能力闡明虛數所具有的重要性質。將「－1的平方根」，也就是√－1定為「虛數單位」，並以imaginary的第一個字母「i」當作虛數符號的正是歐拉。

歐拉經過長時間的研究，終於找到宣稱為「世界上最美數學式」的

將「－1的平方根」（亦極 √－1）訂為虛數單位「i」的人是出生於瑞士的數學家歐拉。歐拉在1738年時右眼失明，1766年全盲。但是他仍以一年平均執筆800頁論文的驚人速度創作不輟。

歐拉
（1707～1783）

歐拉恆等式「$e^{i\pi}+1=0$」。

　　最基本的自然數「1」、印度所發明的「0」、圓周率「$\pi=3.14\cdots\cdots$」、自然對數的底數「$e=2.71\cdots\cdots$」，來源不同的四個重要的數，透過「虛數單位 i」，簡潔地連結成一個數學式。

自然對數的底 e
歐拉所定義之特別的數，其值為2.71……，小數點以下的位數一直延續下去。

虛數單位 i
歐拉將「平方為 -1 的數」定義為虛數單位。

印度所發明的 0
印度於西元 6 世紀左右發明代表「無」的數。

歐拉恆等式

$$e^{i\pi}+1=0$$

圓周率 π
圓周除以直徑所得到的值，符號 π 是歐拉所定的。

最基本的自然數 1
最小的自然數。由於不管任何數乘上 1 都還是原來的數，因此 1 也被稱為「乘法的單位元素」。

Coffee Break

使用虛數單位 i 所進行的演算

平方為－1的數（－1的平方根），亦即 $i^2 = -1$ 的 i 稱為「虛數單位」。也可寫成 $i = \sqrt{-1}$。

若使用 i，可以將「平方為負數的數」表示成實數與 i 的積（相乘的答案）。舉例來說，$x^2 = -15$ 的 x，可以表示為 $\sqrt{-15} = \sqrt{15} \times \sqrt{-1} = \sqrt{15}\,i$。

i 能夠跟實數一樣，被當成四則運算（加、減、乘、除）的對象來處理。比方說，下面這樣的計算。

$i + i = 2i$，$i - i = 0$，$i \div i = 1$

有關虛數單位 i，下面的式子成立。

$$i^2 = -1$$
$$i = \sqrt{-1}$$
$$\sqrt{-15} = \sqrt{15} \times \sqrt{-1} = \sqrt{15}\,i$$

使用虛數單位 i，可進行下面這樣的運算。

$$i + i = 2i$$
$$i - i = 0$$
$$i \div i = 1$$
$$i^4 = i \times i \times i \times i = (-1) \times (-1) = 1$$

$i^4 = i \times i \times i \times i = (-1) \times (-1) = 1$

使用實數 a 和 b，可表現成 $a + bi$ 之形式的數稱為「複數」（詳情請看44頁）。複數是超越實數範圍擴張出來的新數。複數 $a + bi$ 的形式中，a 稱為「實部」、b 稱為「虛部」（此處請留意虛部不是 bi，而是 b）。

當虛部的 b 為 0 時，複數 $a + bi$ $= a$，該複數變為實數。當虛部不為 0 時（$b \neq 0$時），複數 $a + bi$ 不是實數，此時的複數稱為「虛數」。本書雖然將「平方為負數的數」稱為虛數，不過正確來說，非實數的複數全部都是虛數。當虛部 $b \neq 0$且實部 $a = 0$ 時，複數 $a + bi =$ bi，成為未含實數的虛數，此特別稱為「純虛數」（pure imaginary number）。

有關複數 $a + bi$，可以這麼說： ※a、b為實數

- $b = 0$ 時 → 複數 $a + bi$ 為實數
- $b \neq 0$ 時 → 複數 $a + bi$ 為虛數
- $b \neq 0$ 時且$a = 0$ 時 → 複數 $a + bi$ 為純虛數

有關複數 $a + bi$，可以進行下面這樣的運算。 ※$a \sim d$為實數

$$\cdot (a+bi)+(c+di) = (a+c)+(b+d)i$$

$$\cdot (a+bi) \times 2 = 2a + 2bi$$

$$\begin{aligned} \cdot (a+bi) \times i &= ai + b(i \times i) \\ &= ai + b(-1) \\ &= -b + ai \end{aligned}$$

眼睛無法看到的虛數，如何才能繪成圖形呢？

虛數位於「數線」之外！

即使在歐拉展現出虛數的重要性之後，仍有人不承認虛數的存在。若是實數的話，可以想像是物品的個數、數量，但是虛數卻無法想像。不管它有多麼重要，只要無法視覺示意，人們就很難接受。

很難想像的負數，若使用數線的話，就能畫成朝著與正數相反方向延伸的箭頭。

然而，虛數該如何作圖呢？

丹麥測量工程師韋塞爾（Casper Wessel，1745～1818）有了下面

如何圖示虛數（1～4）

用圖（數線）來表示正數時，只要從代表 0 的點（原點）畫一個向右的箭頭即可（1）。在以圖表現負數時，只要從原點畫與正數相反方向的箭頭即可（2）。以圖表現虛數i時，則只要從原點往上畫一箭頭就行了（3）。從原點往正下方畫一相同長度箭頭就是−i（4）。

+1

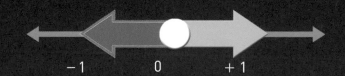

−1　　0　　+1

1. 正的實數是「向右的箭頭」

向右畫一適當長度的箭頭，若將此箭頭當成「＋1」，定為正數單位的話，就能夠以此為基準，作出各式各樣正數的圖。

2. 負的實數是「向左的箭頭」

置一代表 0 的點，定該點為「原點」。從原點延伸出與＋1的箭頭相反方向的箭頭（深藍色）。若將此箭頭當成「−1」，定為負數的單位的話，就能夠以此為基準，圖示出各式各樣的負數。

的想法。

「既然虛數不在數線上，那麼是不是可以認為虛數位在數線之外，亦即將從原點往上延伸的箭頭視為虛數呢？」

結果這個點子獲得莫大的成功。如果以水平的數線來表示實數，那麼另設一條與之垂直的數線，而往實數外面延伸的箭頭就可以代表虛數。這樣一來，虛數也就變得「可以看見」了。

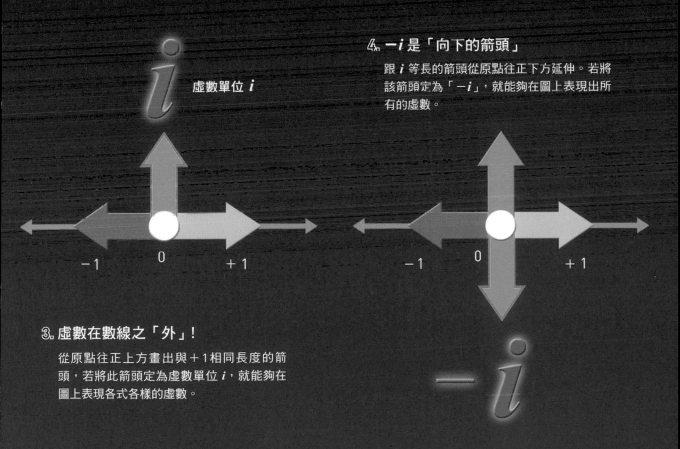

虛數單位 i

4. $-i$ 是「向下的箭頭」

跟 i 等長的箭頭從原點往正下方延伸。若將該箭頭定為「$-i$」，就能夠在圖上表現出所有的虛數。

3. 虛數在數線之「外」！

從原點往正上方畫出與 $+1$ 相同長度的箭頭，若將此箭頭定為虛數單位 i，就能夠在圖上表現各式各樣的虛數。

高斯等人所發明的複數平面是什麼？

由於虛數的可視化，虛數終於取得合理存在的地位

想出使用二條數線所構成的平面，畫出虛數的人不只是韋塞爾，還有德國的數學家高斯（Johann Carl Friedrich Gauss，1777～1855），也在差不多的時間想到相同的點子。

高斯將以點表現在該平面上的數命名為「複數」（德語為Komplex Zahl，英語為complex number）。所謂複數就是由實數和虛數組合而成，一種超越實數範圍的擴張新數。

例如：實數 4 與虛數 5 i 相加，答案就是「4＋5 i」。該數可以用實數線（實軸：橫軸）的座標 4，虛數數線（虛軸：縱軸）的座標 5 i 所形成的點來表示。

該圖稱為「複數平面」（complex plane）。因為高斯等人發明了複數平面，虛數開始可以被看見，也終於取得合理存在的地位。

如何圖示複數呢？

由實數 4 和虛數 5 i 相加所形成的複數「4＋5 i」能夠用實軸（淺藍色）的座標 4，虛軸（粉紅色）的座標 5 i 所形成的點（綠色箭頭所指的點）來表示，這樣的平面稱為「複數平面」。也有人將複數平面稱為「高斯平面」（Gaussian plane）。

－2

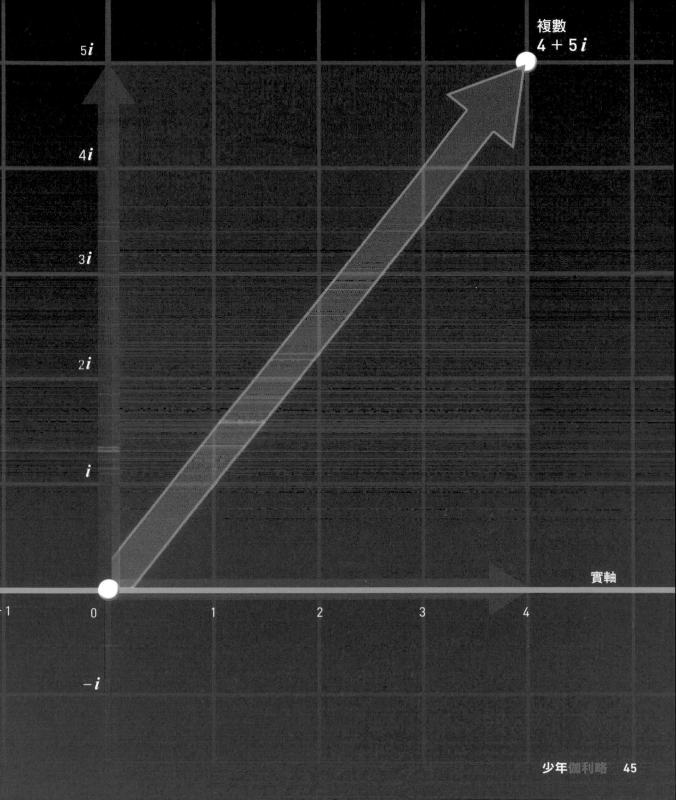

複數
$4 + 5i$

$5i$

$4i$

$3i$

$2i$

i

-1　　0　　1　　2　　3　　4

實軸

$-i$

什麼是複數？

數的世界的擴張終於抵達終點！

因為複數的發現，數的世
界終於完成

人類讓數的世界擴張了！

在此，將數的擴張過程以5階段來表示。繼自
然數、有理數之後，又納入無理數而完成實數
世界。其後，又發現（純）虛數，實數與虛
數合起來稱為「複數」，數的擴張終於大功告
成。

現在，讓我們回顧數之世界的擴
張過程。繼用以表示個數的
「自然數」之後，發現可用自然數
之比來表示的「有理數」。至此，長
度、重量等的「量」都能以數的形式
來表示。

隨後，又發現無法以自然數的比
來表示的數，這就是像 $\sqrt{2}$、圓周率
$\pi = 3.14\cdots$ 這類的「無理數」。再
者，將零、負數等都納入數的範疇，
終於完成有理數和無理數合起來稱為
「實數」（real number）的概念。於
是，所有的數都能在數線上找到。

然而，人類又發現位於數線之外的
數，這就是「虛數」。這個偏離常識
的數分布在包括數線在內的平面上。
實數與虛數加總的數稱為「複數」。

高斯在1799年證明：「若在複數範
圍內的話，所有次數方程式（二次方
程、三次方程、……）一定可以找到
解答（代數基本定理）」。這證明了
複數是數之擴張的「終點」，數沒有
必要再做超過此範圍的擴張。

虛數（純虛數）

$$i \,、\, \sqrt{2}\,i \,、\, -3i$$

虛數（純虛數）

$$i \,、\, \sqrt{2}\,i \,、\, -3i$$

自然數
1、2、3⋯⋯⋯

自然數的發現

$\dfrac{1}{2}$ $\dfrac{3}{5}$ 有理數
0.25
自然數
1、2、3⋯⋯⋯

有理數的發現

實數

無理數
$\sqrt{2}$、π、e

$\dfrac{1}{2}$ $\dfrac{3}{5}$ 有理數
0.25
自然數
1、2、3⋯⋯⋯

無理數的發現

實數

無理數
$\sqrt{2}$、π、e

$\dfrac{1}{2}$ $\dfrac{3}{5}$ 有理數
0.25
自然數
1、2、3⋯⋯⋯

虛數的發現

實數

無理數
$\sqrt{2}$、π、e

$\dfrac{1}{2}$ $\dfrac{3}{5}$ 有理數
0.25
自然數
1、2、3⋯⋯⋯

複數的發現

$+2i$、$3+\sqrt{2}i$、$5-3i$

※沒有實數的複數也稱
為「虛數」。

複數

「13」在複數世界 並非質數？

高斯進行將「整數」和「質數」等概念擴張至複數世界的研究。實數的整數係指所有的自然數（1、2、3、……）和0，以及從0逐個減去1所得到的數（−1、−2、−3、……）的總稱。而實數的質數係指在大於1的自然數中，除了1和該數本身外，無法被其他自然數整除的數（2、3、5、7、11、13……）。1未包括在質數之列。

　而實部與虛部皆由整數構成的複數（$3-2i$、$-5+21i$ 等）稱為「高斯整數」（Gaussian integer）。其中，除了 ±1 與 $\pm i$，以及該數外，無法以其他高斯整數的積來表示的數稱為「高斯質數」（Gaussian prime）。

　舉例來說，「13」是質數，但在複數世界，13並不是質數（高斯質數）。為什麼呢？因為 $13=(2+3i)\times(2-3i)$，亦即可以被 $2+3i$ 與 $2-3i$ 整除之故。右邊所繪為高斯質數在複數平面的分布。

　像在這種「已擴張之整數與質數」世界中所獲得的定理，也適合用來調查實數的整數、質數的性質。

高斯
（1777～1855）

明亮的水藍色點是高斯質數

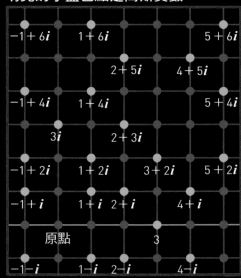

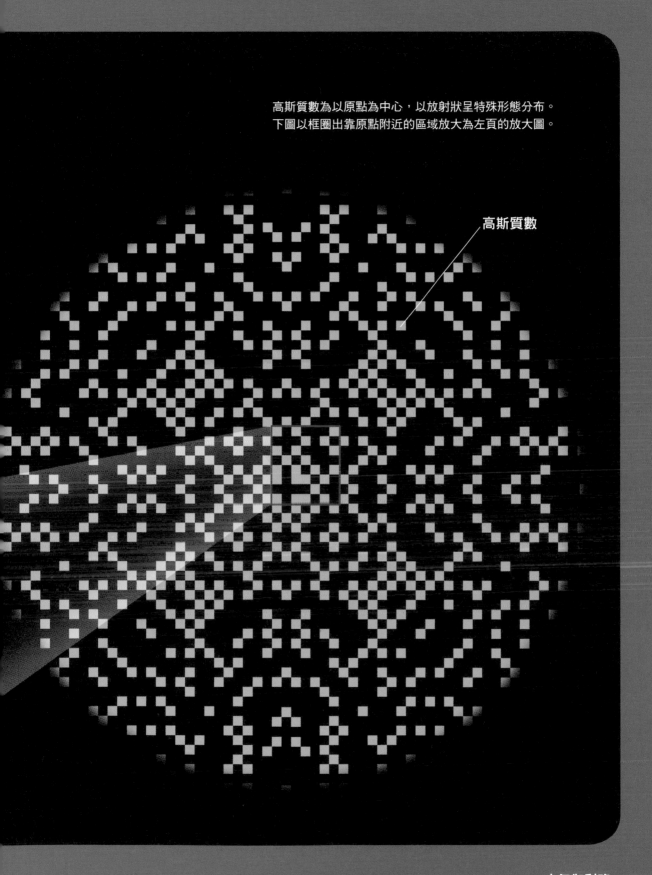

高斯質數為以原點為中心，以放射狀呈特殊形態分布。
下圖以框圈出靠原點附近的區域放大為左頁的放大圖。

高斯質數

如何進行複數的加法、減法運算？

加法是「箭頭的接續」

實數的加法可以想成是「在數線上的二個箭頭的接續操作」。例如：（＋2）＋（－4）這個加法就是一種在「表示＋2的箭頭」終點上接續「表示－4的箭頭」的操作（左圖）。

複數的加法也跟實數時一樣，可以想成是「二個箭頭的接續操作」。不過，不是數線上的箭頭，而是「複數平面上的箭頭」的接續。例如：（5＋2i）＋（1＋4i）

實數的加法 如何以圖來看 （＋2）＋（－4）？

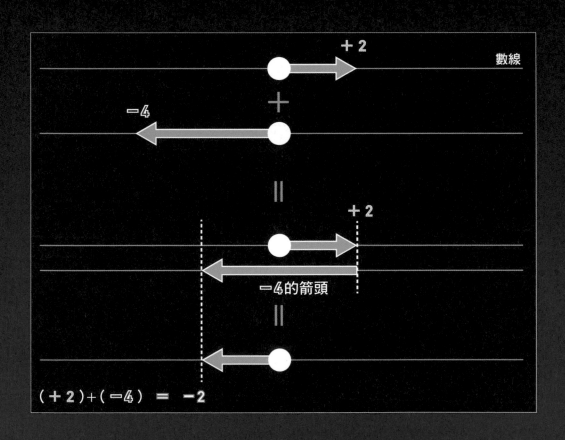

數線

＋2

－4

＋2

－4的箭頭

（＋2）＋（－4）＝ －2

這個加法就是在「表示$5+2i$的箭頭」終點上接續「表示$1+4i$的箭頭」的操作。就像接續之後的箭頭所指的，其答案為「$6+6i$」（右圖）。

複數的減法又該怎麼操作呢？以右圖的$6+6i$減去$5+2i$為例，在此，只要畫出「從$5+2i$往$6+6i$延伸的箭頭」（水藍色），將該箭頭平移到作為起點的原點，箭頭尖端就是減法的答案（$1+4i$）。

複數的加法 如何以圖來看 （$5+2i$）＋（$1+4i$）？

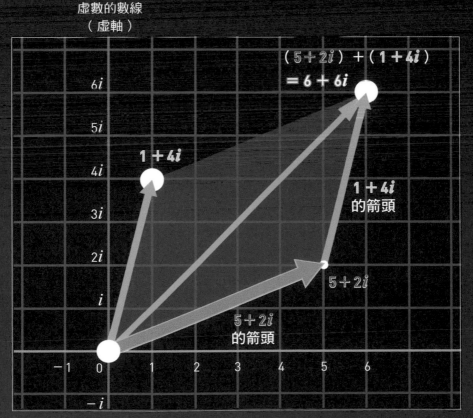

虛數的數線
（虛軸）

（$5+2i$）＋（$1+4i$）
＝$6+6i$

$1+4i$

$1+4i$
的箭頭

$5+2i$

$5+2i$
的箭頭

實數的數線
（實軸）

負數相乘為什麼會變成正數呢？

－1的乘法就是旋轉180度

負數×負數為什麼會變成正數？仔細想的話，虛數可說是因為這個規則而誕生的。

「負數×負數變成正數」（負負得正）這樣的規則只不過是種約定。事實上，建立「負數×負數為負數」（負負得負）的數學世界也不是不可能，但是那會使計算變得非常複雜，因此還是負負得正比較自然，計算起來比較方便。

讓我們以數線來看看「負數×負

－1乘上 2 次等於 1（⒈、⒉）

⒈ ＋1乘上－1，就是以原點為中心轉180度，變成－1。

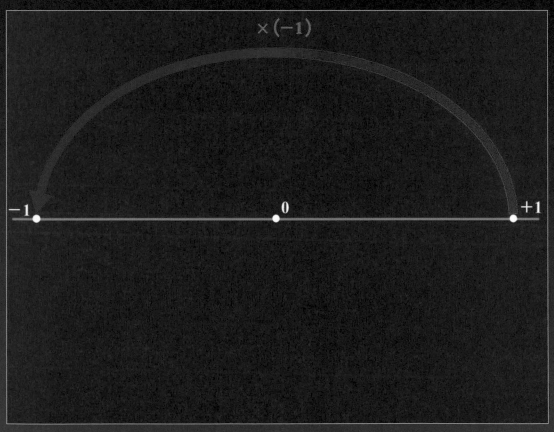

數為正數」的情形。＋1×－1是在原點的周圍轉180度，答案是－1。如果－1再乘上－1的話，就是再轉180度回到＋1。

像這樣，在數線上我們可以真確地看到－1乘2次回到＋1（負負得正）的情形。

2. 再乘上－1的話，再轉180度，回到＋1。

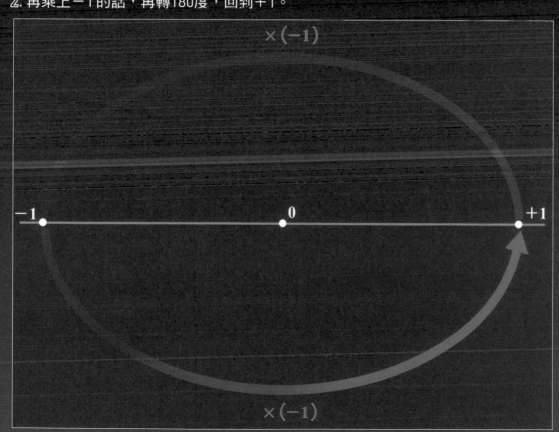

虛數單位 i 的乘法就是逆時針旋轉90度！

i 乘上 4 次就轉一圈回到 +1

i 是「平方為 −1 的數」，若 −1 乘 2 次的話會回到 +1，因此 i 乘 4 次就會回到 +1 了（$i^4 = 1$）。換句話說，i 一輪的乘法就是將360度四等分，亦即每次應該對應旋轉90度。

關於此點，我們以複數平面來確認看看。+1乘以 i，就是以原點為中心旋轉90度變成 i。1 乘上 2 次 i 的話，就是旋轉180度，變成 −1。乘 3 次的話旋轉270度，變成 −

i 乘 4 次變為 1（1～4）

1. 1 乘上 i，旋轉90度為 i。

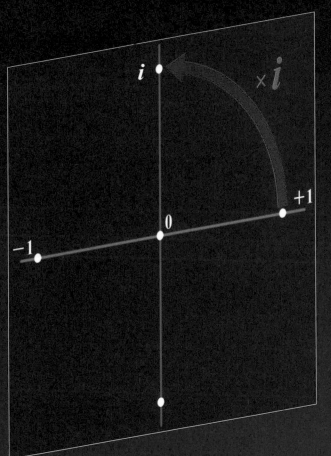

2. 1 乘上 2 次的 i，旋轉180度變為 −1。

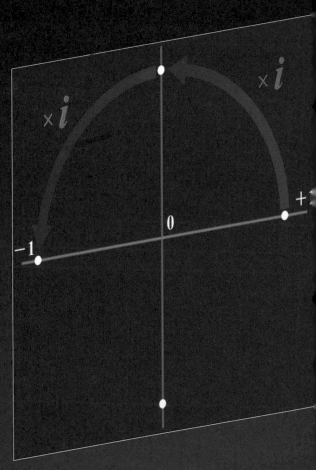

i，乘 4 次的話，繞一圈，的確就回到＋1（圖1～4）。

　亦即，虛數單位 i 的乘法就是「逆時針旋轉90度」；相反地，$-i$ 的乘法就是「順時針旋轉90度」。

3. 1乘上 3 次的 i，旋轉270度變為 $-i$。

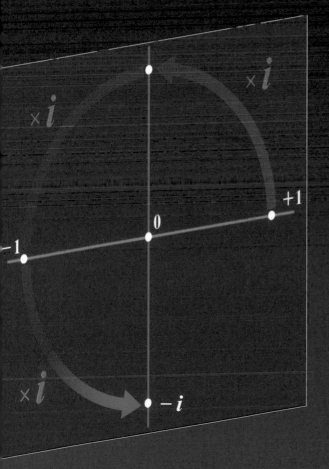

4. 1 乘上 4 次的 i，旋轉360度回到 1。

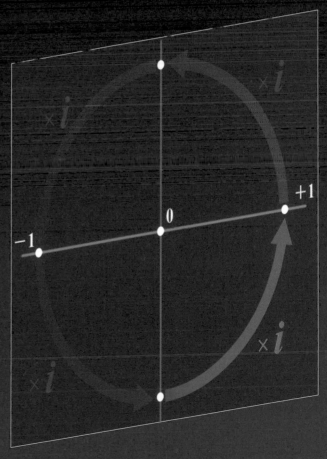

複數的乘法就是「旋轉、放大」！

比較原數和相乘所得的答案看看

前 頁已經介紹過虛數單位 i 的乘法相當於逆時針旋轉90度。那麼，複數的乘法會是什麼樣的情形呢？

首先，來看看實數在數線上的乘法。以（＋2）×（－3）為例，首先將數線上表示＋2的箭頭長度放大3倍。由於乘的數是負數，因此必須將箭頭翻轉180度（下圖）。這時箭頭所示位置為－6，即為答案。

以圖來看實數的乘法

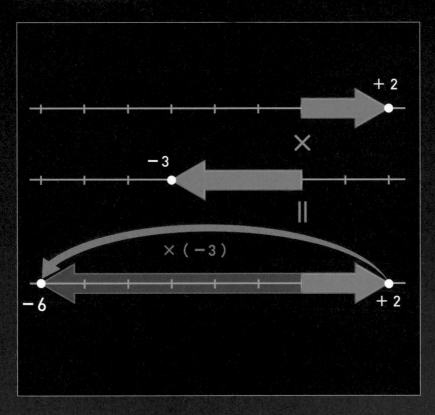

$$（＋2）×（－3）＝－6$$

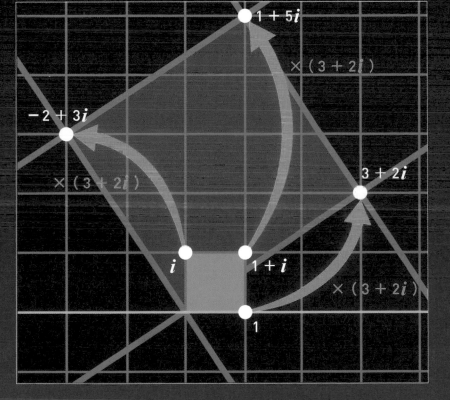

$$1 \times (3 + 2i) = 3 + 2i$$
$$i \times (3 + 2i) = -2 + 3i$$
$$(1 + i) \times (3 + 2i) = 1 \times (3 + 2i) + i \times (3 + 2i)$$
$$= 3 + 2i + 3i - 2 = 1 + 5i$$

試著利用複數相乘描繪北斗七星

什麼是複數的「輻角」和「絕對值」呢？

前頁已經介紹過複數的乘法就是在複數平面上發生旋轉和放大。那麼,「旋轉角」和「放大率」又是如何決定的呢?

在複數平面上,將原點與$3+2i$以直線連接,該直線相對於實軸(正的方向)有某種角度的傾斜。事實上,該角度就是某複數乘上$3+2i$時的旋轉角。此角度稱為複數的「輻角」(argument),通常以符號「θ」來表示。

其次,來看連接原點與$3+2i$之直線的長度($3+2i$與原點的距離)。該長度就是某複數乘上$3+2i$時的放大率,此稱為複數的「絕對值」(absolute value),通常以字母「r」來表示。

旋轉角和絕對值就是這樣決定的。將右邊形成小北斗七星的各點乘上$3+2i$,則應$3+2i$的輻角θ與絕對值r而旋轉、放大,形成大北斗七星。

旋轉、放大的北斗七星

複數平面上由多個點(複數)所形成的圖形與複數相乘時,在保持圖形相似性的同時,旋轉、放大(或縮小)。右邊的北斗七星就是一個例子。

絕對值r如果比 1 大的話是放大;比 1 小的話是縮小。當r為 1 時(例如i的乘法),縮尺不變,只會旋轉而已。

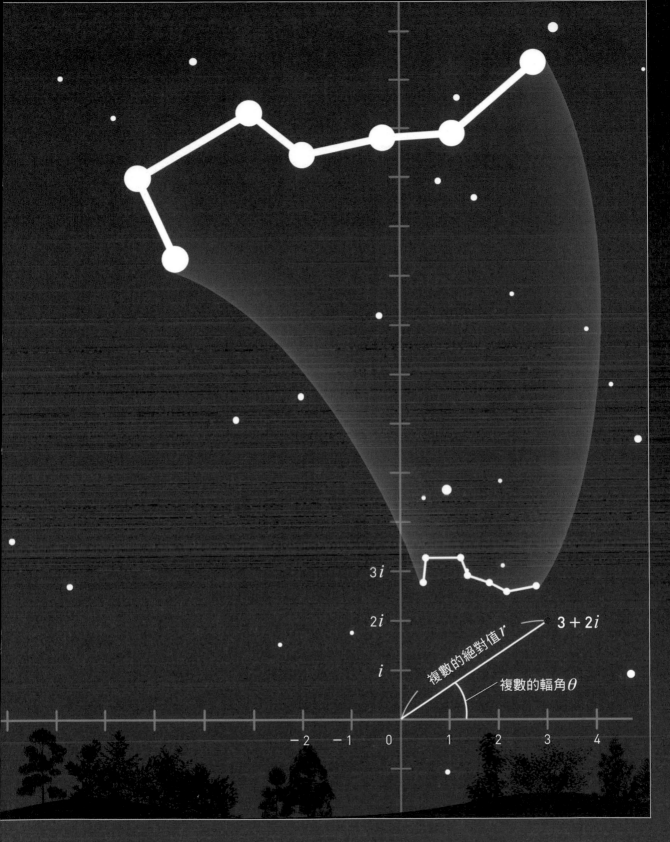

複數的絕對值 r

$3 + 2i$

複數的輻角 θ

$3i$

$2i$

i

-2 -1 0 1 2 3 4

虛數能比較
大小嗎？

虛數的大小關係無法確定

在 第40頁中介紹過虛數單位 i，與實數一樣，都能進行四則運算。那麼，虛數是否也跟實數一樣可以比大小呢？

實數數線上，越往右的數越大。但是，在虛數數線上，無法說出哪個虛數比較大。位在虛軸上的數全部都是虛數，無法區別大小。

事實上，目前已證明在所有複數間，想要一般的大小關係成立是不

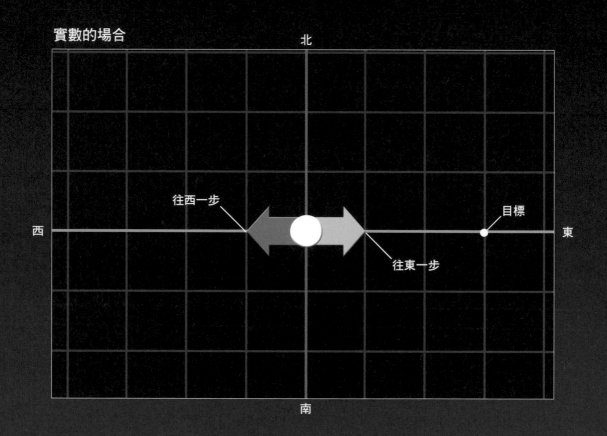

實數的場合

北

往西一步

往東一步

目標

西 東

南

當目標位在東邊時，「往東前進 1 步」和「往東前進－1步」（＝往西前進 1步），何者較為有利呢？當然，肯定是前者較為有利。如果這麼想的話，就可以確定「＋1比－1大」。

可能的。雖然有時依狀況會比較與
複數平面之原點的距離（絕對值）
大小、實數部分（或是虛數部分）
的大小，但是這些都談不上是一般
的大小關係。

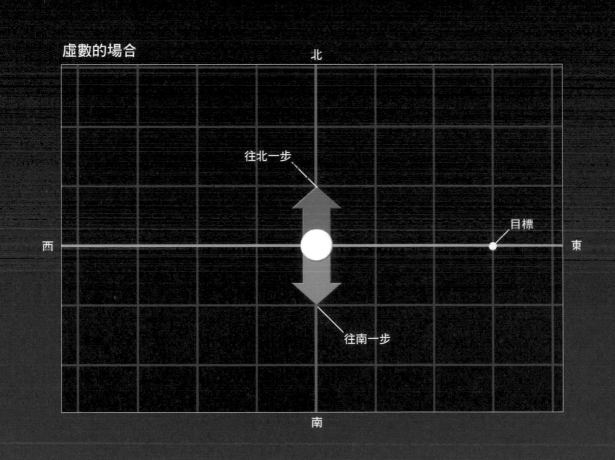

虛數的場合

北

往北一步

西　　　　　　　　　　　　　　　　目標　　東

往南一步

南

另外，目標位在東邊。「往東前進 i 步（＝往北前進 1 步）」和「往東前進 $-i$
步」（＝往南前進 1 步），何者較為有利呢？因為無法比較，所以談不上有利、
不利。若這麼想的話，就可以明白「i 和 $-i$ 是無法決定大小的」。

Coffee Break

利用複數平面確認「卡當諾問題」吧！

有關本書一開頭介紹的「卡當諾問題」，現在利用複數平面來確認$5+\sqrt{-15}$（$=5+\sqrt{15}\,i$）和$5-\sqrt{-15}$（$=5-\sqrt{15}\,i$）是正確答案。

卡當諾問題是：「A＋B＝10，A×B＝40，A和B分別是多少？」現在，讓我們實際計算看看是否滿足A＝$5+\sqrt{15}\,i$、B＝$5-\sqrt{15}\,i$這個條件呢？

首先，在複數平面上確認A＋B＝10。複數平面的加法可視為「複數平面上的二個箭頭的連接」。將「表示$5-\sqrt{15}\,i$的箭頭」接續到「表示$5+\sqrt{15}\,i$的箭頭」的終點上。於是，從右圖即可確認A＋B＝10。

接下來，讓我們在複數平面上確認A×B＝40（右頁圖）。在複數平

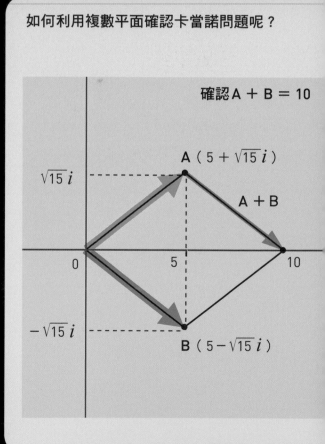

如何利用複數平面確認卡當諾問題呢？

確認 A＋B＝10

面上畫出表示$5+\sqrt{15}\,i$的 A 點。根據畢氏定理，絕對值（與原點的距離）為$\sqrt{5^2+\sqrt{15}^2}=\sqrt{40}$。此外，設 A 點的輻角（連結 A 點與原點之直線與實軸所形成的角度）為θ。

另一方面，畫出表示$5-\sqrt{15}\,i$的 B 點，B 點的絕對值跟 A 點一樣，也是$\sqrt{40}$。因為 B 點的輻角跟 A 點的輻角大小相同，旋轉方向相反，所以可寫成$-\theta$。

此時，畫出表示「A×B」的點，就是 A 的絕對值與 B 的絕對值相乘，而輻角則是 A 的輻角＋B 的輻角。因此，A×B 的絕對值是$\sqrt{40}\times\sqrt{40}=40$，輻角為$\theta+(-\theta)=0$。

與原點的距離為40，可表示輻角（與實軸所成的角度）為 0 之點的數，就只有實數40了。就這樣，利用複數平面確認了A×B＝40。

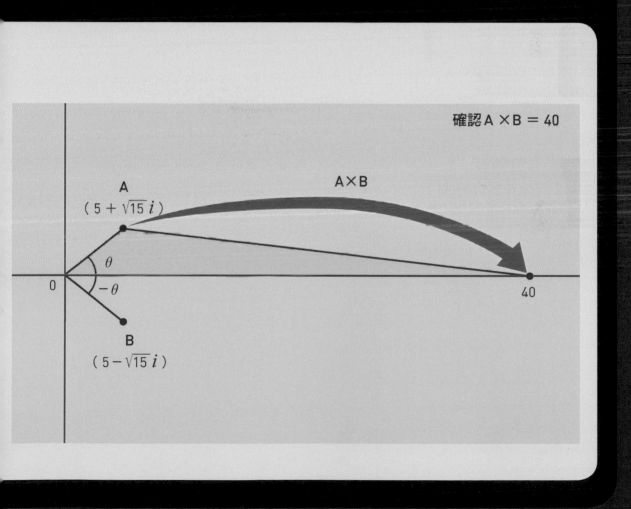

確認A×B＝40

A
$(5+\sqrt{15}\,i)$

A×B

θ

0

$-\theta$

40

B
$(5-\sqrt{15}\,i)$

蓋模
（George Gamow，1904～1968）

蓋模問題是有名的大霹靂宇宙論倡議者之一的物理學家蓋模，為了強調複數計算的重要性，在他的著作《1、2、3……無限大》中所提出的問題。

使用虛數來解謎

寶藏埋在島上的何處呢？

利用複數平面挑戰解開「蓋模問題」！

在 此，介紹一個使用複數平面性質來解的特殊「尋寶」問題。

《蓋模問題》 ※解答請看第66～67頁

在一座無人島上埋有寶藏，在暗示有寶藏的破舊發黃羊皮紙上有著如下的指示。「在島上，有用來處死背叛者的絞刑台和 1 棵橡樹、1 棵松樹。

首先，站在絞刑台前，一面數著步伐一面朝橡樹筆直前進。在碰到橡樹後，往右轉90度，再向前直走相同的步數，然後打下第一根樁。

再回到絞刑台，這次一面數著步伐，一面朝松樹筆直前進。在碰到松樹後，向左轉90度，再往前走相同的步數，然後打下第二根樁。

寶藏就埋在第一根樁和第二根樁的中點。」

一位年輕探險家拿到這張藏寶圖，便來到島上尋寶，結果發現絞刑台因年久失修腐朽殆盡，不留絲毫痕跡了。不過，倘若會虛數運算的話，即使不知道絞刑台的位置，應該也可以找到寶藏的下落。寶藏究竟藏在哪裡呢？

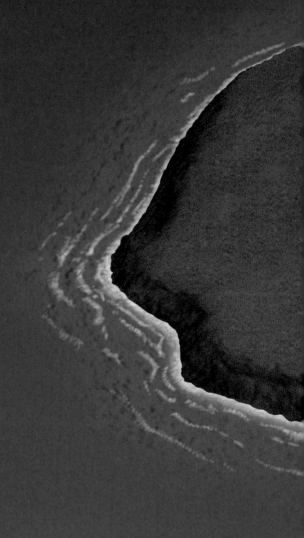

問題的解法：

將松樹位置當成「實數1」，橡樹位置當成「實數 −1」，整個問題以複數平面來思考。因為不知道起點（絞刑台）的位置，因此暫時先將它設為複數 S 置於適當位置。然後只要利用計算求出藏寶地點與什麼複數對應即可。

絞刑台

橡樹　　　松樹

羊皮紙

橡樹

松樹

解答篇：「寶藏埋在哪裡呢？」

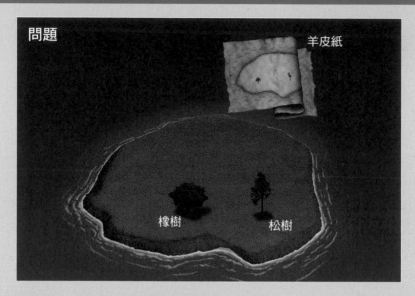

問題

羊皮紙

橡樹　松樹

《準備》 設定複數平面

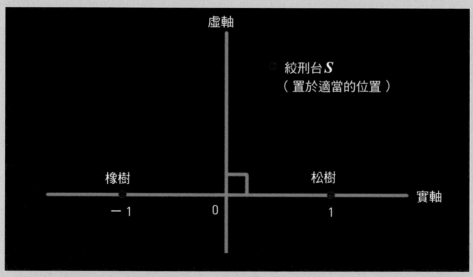

虛軸

絞刑台 S
（置於適當的位置）

橡樹　　　　　　松樹

實軸

-1　　　0　　　1

以下列手續設定用以解決問題的舞台——複數平面。

① 畫一條通過橡樹和松樹的直線，將它視為實軸。

② 取橡樹和松樹的中點作為複數平面的原點。

③ 將松樹的座標當成實數 1，橡樹的座標為實數 -1。

④ 畫一條通過原點，垂直於實軸的直線，以此作為虛軸。

⑤ 雖然不清楚絞刑台的位置，但可以暫時先將它設為複數 S 置於適當位置。

《解法步驟1》　以字母來表示打樁位置的複數

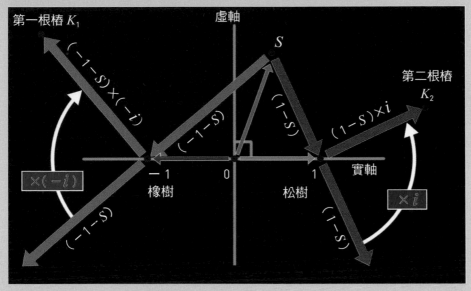

假設第一根樁為複數 K_1、第二根樁為複數 K_2。

① 因為「從橡樹往 K_1 的箭頭」相當於「從 S 往橡樹的箭頭（$-1-S$）」順時針旋轉90度，所以可寫成複數（$-1-S$）$\times$（$-i$）。因此，$K_1 = -1 + (-1-S) \times (-i) = -1 + i + iS$。

② 「從松樹往 K_2 的箭頭」相當於「從 S 往松樹的箭頭（$1-S$）」逆時針旋轉90度，因此可寫成複數（$1-S$）$\times i$。因此，$K_2 = 1 + (1-S) \times i = 1 + i - iS$。

《解法步驟2》　以複數來表示藏寶處

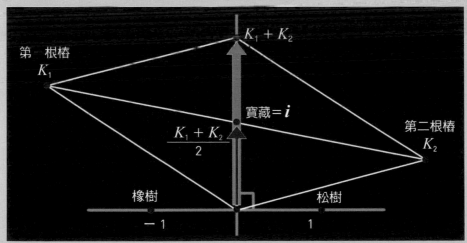

藏寶處位在「第一根樁和第二根樁的中點」，可以用複數（$K_1 + K_2$）$\div 2$ 來表示。使用上面求出的值予以計算，結果：（$K_1 + K_2$）$\div 2 = 2i \div 2 = i$。因此，虛數單位 i 的位置就是藏寶的地方。正如已經解開的答案所示，計算到最後，複數 S 被消去，因此不管起點在哪裡都跟藏寶地點無關。年輕人不管站在哪裡都可以從自己所站的地方，根據羊皮紙的指示走完就可以了。

量子力學需要虛數！

量子論的基本方程式中包含虛數 i

在 本書的最後，將介紹虛數與物理學之間的神奇關係。「牛頓力學」、「電磁學」都不需要用到虛數。愛因斯坦（Albert Einstein，1879～1955）的相對論，就算沒有虛數也能成立。

但是進入20世紀，終於出現需要虛數的物理理論，這就是「量子論」（量子力學）。觀察量子論的基礎方程式「薛丁格方程式」（Schrödinger equation），可以發現虛數單位 i 赫然出現在公式的開頭。

根據量子論的說法，在未進行觀測以前，我們無法確定單個電子究竟位在哪裡（測不準原理）。不過，可以利用計算方式得知「在什麼地方比較容易發現單個電子」。這時，在計算上就需要用到薛丁格方程式。

量子論是現代科學技術和工學的基礎，倘若沒有虛數就無法計算。雖然卡當諾曾說「虛數沒有實際的用途」，但事實絕非如此。

薛丁格
（1887～1961）

根據量子論的說法，可以利用計算方式得知「在什麼地方比較容易發現單個電子」。這個機率可用具有複數數值的「波函數Ψ」（Ψ的發音為／'psaI／或／'saI／，中文音譯：普西）來求出。使用由薛丁格（Erwin Schrödinger，1887～1961）提出之量子論基本方程式的「薛丁格方程式」，即可知道波函數在相應時間產生什麼樣的變化。薛丁格方程式中，含有虛數單位 *i*。此外，波函數Ψ是一種複數函數。

虛數單位

$$i\hbar\frac{\partial\psi}{\partial t}=\left\{-\frac{\hbar^2}{2m}\frac{\partial^2}{\partial x^2}+U(x)\right\}\psi$$

薛丁格方程式

氫原子
以藍色粒子的密度來表示氫原子中之電子發現機率的分布。

果真有宇宙之始嗎？

長期籠罩在謎團之中的「宇宙之始」

這個宇宙是從永遠的過去一直存留下來的呢？還是有一個「開端」？科學家們長時間研究這個終極之謎的答案。

1929年，美國的天文學家哈伯（Edwin Powell Hubble，1889～1953）在藉由望遠鏡的觀測中，闡明距離愈遙遠的星系，退離地球的速率愈大。根據該發現，哈伯闡明了「宇宙正在膨脹」的事實。

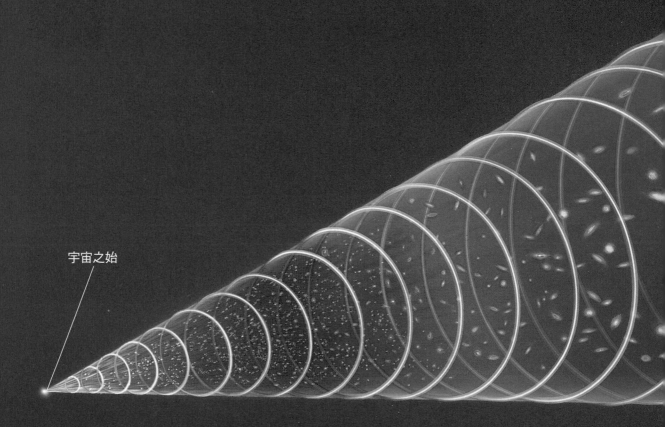

宇宙之始

根據20世紀以後發展開來的「宇宙論」，如今這個說法獲得廣大的支持：「我們的宇宙每天都在膨脹。這意味著遠古宇宙非常緻密，集中在很小的範圍。根據最新的觀測結果，科學家認為宇宙大約開始於138億年前。」

那麼，宇宙之始（開端）究竟是什麼樣的情形呢？科學家們長時間研究這個終極之謎的答案，有趣的是其中一位現代最負盛名的物理學家所提出的假說中，又出現「虛數」。在次頁，我們將介紹有「輪椅牛頓」之稱的英國物理學家霍金博士（Stephen Hawking，1942～2018）的假說。

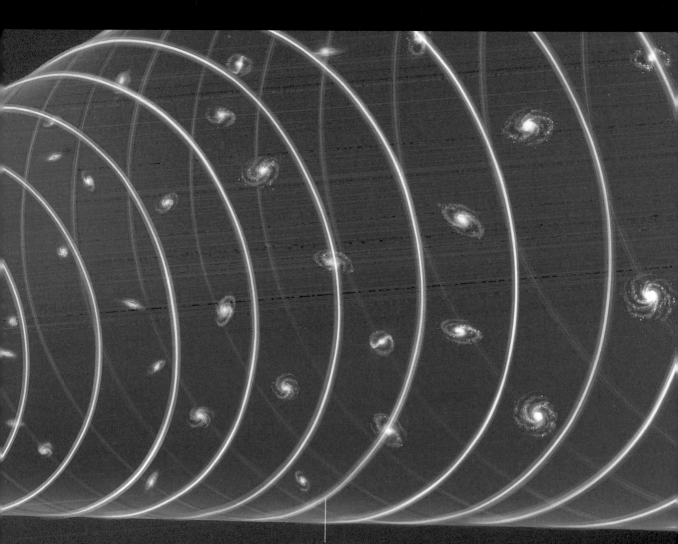

某時刻的宇宙空間

宇宙誕生之初有「虛數時間」？

霍金博士使用虛數的理論為何？

採用物理學，是否可以說明無法觀測的「宇宙之始」呢？

霍金博士在1960年代證明了「奇點定理」（Penrose-Hawking singularity theorems，亦稱「奇異點定理」）。該定理意味著：「若僅以愛因斯坦的廣義相對論來思考像宇宙之始這般尺度極小的宇宙時，宇宙之始將會是物理法則無法成立的奇點（無法計算之特殊的點）。」物理法則無法成立，意味著有關宇宙之始的問題無法進行科學性的討論。

因此，霍金博士提出一個奇特的點子，將「量子論」導入宇宙之始的討論中，結果想出「宇宙開端雖然有虛數時間，然而很快就轉換為實數時間」的假說。

何謂「奇點定理」？

奇點定理的論點是「在宇宙空間中的物質都是普通物質的前提條件下，將膨脹宇宙往過去回溯，無法避免的，一定會回溯到物理法則無法成立的奇點」。

虛數時間？

宇宙之始

霍金
（1942～2018）

虛數是解開宇宙之始的鑰匙？

為何宇宙誕生之初必須要有虛數時間？

若有虛數時間，奇點便會消失！

霍金博士和美國的物理學家哈托博士（James Hartle，1939～）一起在1983年發表「無邊界假說」（no-boundary proposal）。根據該假說，假設宇宙起始為虛數時間的話，宇宙的開端就不是什麼特別的點，而是圓滑的曲面。霍金博士認為一旦沒有了奇點，宇宙之始就能跟其他時期的宇宙一樣，可以使用廣義相對論來說明。

霍金博士所提出沒有端點的「宇宙之始（開端）」模型。該理論模型所認為的宇宙之始是像碗一般的圓弧曲面，並無特殊的點。

宇宙之始

宇宙的開端真的有虛數時間流
嗎？很遺憾的是，我們並無法確認
這個真相。但重要的是：「如果想
像有虛數時間的話，即使是終極難
題也會找到答案。」虛數的威力由
此可見一斑。

實數時間

虛數時間

廣義相對論所架構的
宇宙之始模型

無邊界假說所架構的
宇宙之始模型

實數
時間

虛數時間

實數時間

宇宙之始一定會出現奇點。
（宇宙之始為一個尖銳的點）

宇宙之始若有虛數時間的話，奇點
便會消失。
（宇宙之始為圓滑的曲面）

Coffee Break

有第二虛數存在嗎？

實數的世界是「數線」，換言之就是對應「1維世界」；實數加虛數的「複數平面」對應的是「2維世界」。那麼，照理說應該有對應「3維世界（空間世界）」的新數世界才對。有這種想法的人就是出生於愛爾蘭的數學家、物理學家漢彌爾頓（William Rowan Hamilton，1805～1865）。

漢彌爾頓在複數的基礎上又加入「第二虛數」，企圖確立由1個實

四元數的3個虛數分別以 i、j、k 的符號來表示。

$$i^2 = -1$$

$$j^2 = -1$$

$$k^2 = -1$$

$$i \times j \times k = -1$$

$$i \times j = k \qquad j \times i = -k$$

$$j \times k = i \qquad k \times j = -i$$

$$k \times i = j \qquad i \times k = -j$$

※在四元數的概念中，交換律（A×B＝B×A）並不成立。

數和 2 個虛數構成的新數世界。然而經過10年以上的研究，依舊沒有成果。不過在一次偶然的機會中，漢彌爾頓發現若是 3 個虛數的話，就能創造可進行四則運算的新數世界。

　　這個新誕生的概念，由 1 個實數加 3 個虛數所構成的新數就是「四元數」（quaternion）。為了紀念漢彌爾頓，因此也稱為「漢彌爾頓數」。

漢彌爾頓（1805～1865）

「虛數」的話題至此告一段落。原本虛數是為了讓「無解的問題」能有答案而誕生的「想像的數」。藉由歷世歷代的天才數學家們的奮力不懈,終於證明這個宛若鬼魅般的虛數的重要性。現在,對於數學而言,虛數是不可或缺的存在。

虛數的功用當然不僅限於數學方面,對企圖闡明宇宙誕生之謎和宇宙結構的物理學家們來說,虛數也是不能缺少的工具。今天之所以有現代科學及數學,全都拜虛數之賜。看完本書的您是否也有這樣深刻的感受呢?

人人伽利略 科學叢書 19

三角函數
sin、cos、tan

提到「三角函數」，或者是「sin」、「cos」、「tan」的時候，常讓人覺得「這只是為了考試而背的東西，根本不知道學了可以幹嘛」。事實上，三角函數已是現代人的生活中不可或缺的東西。從網路影片到地震速報，三角函數是各種技術的必備基礎。

　　本書使用更有趣、更簡單的方式，詳述三角函數的基礎與應用。在此邀請您一起進入三角函數的世界。

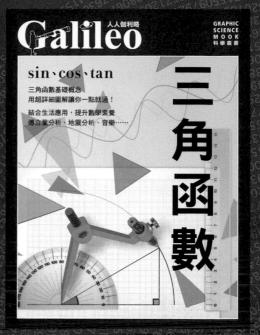

定價：450元

人人伽利略 科學叢書 20

數學的世界
從快樂學習中增強科學與數學實力

數學是一個好惡很明顯的領域。有人沉醉於數學的樂趣之中，也有人害怕數學想要逃避。不過，如果你心裡想著「我想跟數學當朋友」並主動接近它的話，就會不斷發現數學的樂趣與其奇妙之處。

　　本書會從各種不同的角度帶您認識數學的魅力，希望喜歡數學的人能更沉迷於數學的魅力，也希望害怕數學的人能開始和數學打交道。另外，還介紹數學史上的難題的章節，內容非常充實，誠摯邀請您閱讀。

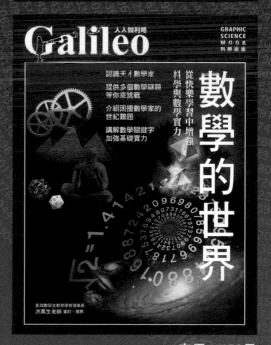

定價：450元

【 少年伽利略 01 】

虛數
從零開始徹底搞懂虛數！

作者／日本Newton Press
執行副總編輯／賴貞秀
翻譯／賴貞秀
編輯／林庭安
發行人／周元白
出版者／人人出版股份有限公司
地址／231028 新北市新店區寶橋路235巷6弄6號7樓
電話／（02）2918-3366（代表號）
傳真／（02）2914-0000
網址／www.jjp.com.tw
郵政劃撥帳號／16402311 人人出版股份有限公司
製版印刷／長城製版印刷股份有限公司
電話／（02）2918-3366（代表號）
經銷商／聯合發行股份有限公司
電話／（02）2917-8022
香港經銷商／一代匯集
電話／（852）2783-8102
第一版第一刷／2021年2月
第一版第三刷／2022年11月
定價／新台幣250元
　　　港幣83元

國家圖書館出版品預行編目（CIP）資料

虛數：從零開始徹底搞懂虛數！ 日本Newton Press作；
賴貞秀翻譯. -- 第一版. --
新北市：人人, 2021.02
面；公分. —（少年伽利略；01）
ISBN 978-986-461-234-5（平裝）
1.數學教育 2.中等教育

524.32　　　　　　　　　　109021724

Staff

Editorial Management	木村直之
Design Format	米倉英弘 + 川口 匠（細山田デザイン事務所）
Editorial Staff	中村真哉

Photograph

77	Science Photo Library/アフロ

Illustration

表紙	Newton Press	68～69	小﨑哲太郎, Newton Press
5	小﨑哲太郎	70～71	吉原成行
6～10	Newton Press	72～77	Newton Press
10	小﨑哲太郎		
11～29	Newton Press		
30～33	Newton Press, 小﨑哲太郎		
34～35	Newton Press		
36～39	Newton Press, 小﨑哲太郎		
40～45	Newton Press		
48	小﨑哲太郎		
48～67	Newton Press		